NOTE

M. BÉRANGER

L'USINE DE GRAFFENSTADEN.

PARIS,
IMPRIMERIE DE GUIRAUDET ET JOUAUST,
RUE SAINT-HONORÉ, 338.

1855

NOTE

Pour M. BÉRANGER,

Contre L'USINE DE GRAFFENSTADEN.

Le but de cette Note est l'exposé, aussi concis et aussi clair que possible, de l'objet des brevets de M. Béranger, de la contrefaçon reprochée à ses adversaires, et du procès soumis à l'appréciation de messieurs les arbitres.

Nous le ferons suivre de citations de textes de loi, d'opinions d'auteurs et d'arrêts établissant en droit la légitimité de nos prétentions.

La contrefaçon est un délit de la compétence du tribunal correctionnel.

M. Béranger a voulu épargner à la puissante maison qu'il combat le désagrément de comparaître devant cette juridiction.

Après avoir fait le voyage de Strasbourg pour tenter inutilement une transaction honorable, puis attendu *cinq mois* une réponse vainement promise, il a envoyé à Paris un représentant, qui a employé *quarante jours* à lutter contre la force d'inertie qu'on lui opposait, et à constituer le tribunal arbitral.

Le 2 mars, enfin, est intervenue entre les parties une convention par laquelle ont été nommés arbitres MM. *Bois*, *Lecoq* et *Fourneyron*, chargés de se constituer en tribunal, et de juger leurs différends, non comme amiables compositeurs, mais conformément à la loi, et sauf le pourvoi devant la Cour de cassation.

Les conclusions de Béranger tendent à ce qu'il plaise au tribunal :

1° Déclarer l'usine de Graffenstaden contrefacteur de sa *balance-pendule* et de sa *bascule-romaine ;*

2° Lui faire défense de continuer la fabrication de ces instruments de pesage ;

3° La condamner pour le préjudice passé à 50,000 fr. de dommages-intérêts ;

4° Prononcer au profit de Béranger la confiscation de toutes les *balances-pendules* et *bascules-romaines* saisies ou inventoriées ;

5° Ordonner la publication du jugement à intervenir par affiches et dans les journaux de Paris et de Lyon.

La contrefaçon dure depuis six à sept ans, et a persisté malgré une sommation de l'interrompre, faite par huissier, à la requête de Béranger, et parlant à M. Schilling, le 22 *avril* 1851. Le procès cependant n'a commencé qu'en juillet 1854.

Comment s'explique ce retard ?

Par la position respective des parties.

Béranger a hésité long-temps à défendre sa propriété usurpée par l'association de Graffenstaden, puissante à tous égards par ses capitaux, son influence, ses relations et par les hommes qui la dirigent et la représentent.

Plusieurs d'entre eux étaient ses amis : il espérait que d'eux-mêmes, et sans y être contraints par jugement, ils lui rendraient justice ; il a cru sage, avant d'entamer la lutte contre eux, de faire consacrer son *privilége*, de lui donner droit de cité légale, judiciaire, d'arriver avec une jurisprudence établie.

Le temps a fui pendant qu'il arrêtait les contrefaçons qui surgissaient de divers côtés, et qu'il obtenait la consécration répétée du principe de la brevetabilité de sa découverte contre MM. *Tenting, Muraour, Gay, Paret, Sagnier, Valette, Mathe, Courbet, Cabasson et Digne.*

Ces deux derniers n'ont été condamnés comme contrefacteurs de la *balance-pendule* et de la *bascule-romaine* qu'en 1854, et dans des circonstances exactement semblables à celles où se trouve l'usine de Graffenstaden.

La spécialité de Béranger est la *balance*, désignation générique des instruments de pesage.

Ceux-ci s'appliquent à toutes les branches du commerce, et, par suite, devaient particulièrement attirer l'attention parmi les objets à perfectionner.

C'est ici le cas d'expliquer que l'industrie du fabricant d'instruments de pesage n'est pas tout à fait libre.

Pour être livré au public, et servir comme tel, tout instrument de pesage doit être revêtu du poinçon de l'état, sans lequel il ne peut être légalement introduit dans le commerce.

Les vérificateurs des poids et mesures sont chargés de cette formalité administrative. Or, ils ne peuvent admettre au poinçonnage que les instruments qu'ils connaissent, et, si on veut leur présenter un système nouveau, il faut leur justifier de son examen préalable, et de sa réception d'abord par le *Comité consultatif des arts et manufactures*, puis par le ministre compétent (1).

L'administration va au-devant de cette nécessité, en leur envoyant à l'avance *le plan descriptif* de tout système reconnu exact et admis.

A cet effet, elle se fait remettre par l'inventeur 400 exemplaires du plan descriptif de l'instrument, destinés aux différents vérificateurs.

Ces dispositions résultent de la loi du 4 juillet 1837, et de l'ordonnance réglementaire du 16 juin 1839.

Il s'ensuit que cette approbation ministérielle est une garantie

1° De la bonté, de l'utilité de l'instrument et de l'invention;

2° De sa *nouveauté*, attendu que, s'il est déjà admis dans le commerce, le ministre ne donne pas suite à la demande et n'accorde point l'autorisation sollicitée.

Béranger a obtenu, pour *six* instruments de pesage nouveaux, *six* approbations ministérielles.

Parmi eux se trouvent :

La *balance-pendule* et la *bascule-romaine*, contrefaites par l'usine de Graffenstaden.

Nous allons successivement indiquer l'historique de ces deux découvertes et préciser en quoi elles consistent.

---

(1) La *Bascule-Romaine Béranger* a été approuvée par décision ministérielle du 5 décembre 1840, et la *Balance-Pendule* a été introduite dans le commerce en vertu d'une décision ministérielle du 28 janvier 1847, ainsi qu'il en sera justifié.

BALANCE-PENDULE.

Etait-il simple, facile, de trouver les balances inventées par Béranger ?

A-t-il intérêt majeur à en conserver le débit exclusif ?

Telles sont les questions à examiner.

Qu'est-ce qu'une balance ?

C'est un instrument destiné à peser les corps.

Il y en a de plusieurs sortes.

On les divise aujourd'hui en deux grandes familles :

1° Celles dont le point de suspension est en *dessus*,

2° Celles dont le point de suspension est en *dessous* des bassins.

Les premières, celles dont le point de suspension est en *dessus*, sont les plus simples, connues de tout temps.

On les a modifiées de diverses façons.

Elles comprennent :

1° La balance ordinaire, ayant un seul levier reposant sur le centre, ou deux leviers égaux avec deux plateaux où l'on pèse avec des poids variables ;

2° La balance à leviers inégaux et à poids variables, à l'aide de laquelle on détermine des pesanteurs proportionnelles, en plaçant les poids ou les objets dans l'un ou l'autre plateau, suivant qu'ils sont très lourds ou très légers ;

3° La romaine à un seul levier, avec un poids fixe, mais curseur, et déterminant la pesanteur par sa position même ;

4° La balance à ressort, indiquant le poids par le fléchissement, calculé à l'avance, du ressort.

Cette dernière balance avait le mérite d'être simple, mais était d'une construction vicieuse, que le gouvernement a récemment supprimée.

Les balances à fléau, avec chaînes et colonnes ou supports, sont encombrantes sur les comptoirs, sur les banques et dans les magasins. En outre, les chaînes supportant les plateaux et bassins ne permettent pas d'y placer des objets volumineux et présentent des obstacles continuels.

Tous ces inconvénients eussent plus tôt disparu si on eût trouvé le moyen de mettre le point de suspension *en dessous* des plateaux où se placent l'objet à peser et le poids représentatif ; mais on chercha vainement ce moyen pendant long-temps.

Le premier qui en eut l'idée fut M. de Roberval, professeur au collège de France, en 1632.

Mais s'il conçut le projet, il ne découvrit point sa réalisation ; s'il entrevit le but, il ne trouva pas les moyens de l'atteindre, et sa découverte resta à l'état de problème curieux pour la science, mais non résolu dans la pratique.

Elle péchait par sa base : le plateau, reposant par son centre sur l'extrémité du fléau, raccourcissait ou allongeait le levier suivant la place du poids. Celui-ci, par sa position, soit au bord intérieur, soit au centre, soit au bord extérieur du bassin, acquérait une valeur différente. La balance devenait donc impossible ; ce n'était plus qu'un instrument imparfait.

Les choses en restèrent là jusqu'en 1820 ou 1822, époque à laquelle divers essais de modifications, parant aux inconvéniens que nous venons de signaler, furent vainement tentés.

Enfin, Béranger s'empara de ce projet, se proposa ce but et s'y attacha avec cette persévérance qui seule produit les beaux résultats : *labor improbus omnia vincit.*

Dès 1827, il commença ses essais, et il a continué ses recherches pendant dix-sept années sans arriver à un résultat satisfaisant. Tout cela coûtait ; il n'a pas consacré à la poursuite de cet absolu moins de trois à quatre mille francs par an.

Il devait faire connaître ces détails, pour permettre d'apprécier le prix de sa découverte, et l'importance du préjudice qui lui est causé par la contrefaçon.

Ces recherches produisirent un peu pour lui ce qu'a produit celle de la pierre philosophale et de la fabrication de l'or, c'est-à-dire qu'elles l'amenèrent à d'autres découvertes, à la construction de différents instruments de pesage : les uns de la famille ayant le point de suspension en *dessus,* les autres de la famille ayant le point de suspension en *dessous.*

En 1840, il arriva enfin à réaliser à peu près l'idée scientifique du point de suspension en dessous.

Il créa la première balance parue d'après ce principe, et la présenta à l'approbation du ministre.

Il lui donna le nom de Roberval.

Le 6 mai 1840, il reçut du ministère, par l'intermédiaire de M. le Préfet du Rhône, une lettre d'avis d'approbation et contenant demande de quatre cents exemplaires du plan de la balance produite.

Il la fabriqua et la vendit quelques années sans brevet, et ne se détermina que plus tard (le 12 août 1844) à en prendre un, parcequ'il n'était pas content de sa découverte, dont l'expérience lui démontrait quelques défectuosités. Les plans de cette balance seront soumis à MM. les arbitres.

Les leviers se trouvaient sous les bassins. Le mécanisme se composait d'un parallélogramme de fléaux fonctionnant parallèlement, et de deux tringles reliant les tiges qui portent les bassins. Ceux-ci se trouvaient excentrisés sur les axes des fléaux, c'est-à-dire que la ligne verticale de ces axes était portée vers l'extrémité du bassin.

Ce progrès diminua, sans le faire disparaître complétement, le grave défaut de la balance Roberval. Les poids n'avaient pas encore la même valeur placés aux centres ou aux extrémités des bassins; des tiraillements continuels se produisaient, des déplacements s'opéraient à l'extrémité des leviers, et l'instrument devenait inexact.

Béranger continua ses expériences et ses essais, et arriva enfin au système désigné sous le nom de *Roberval lyonnaise* dans le brevet du 14 juillet 1845, comprenant :

1° Le *mécanisme*, ainsi défini : *Combinaison de trois fléaux, dont le premier (fléau principal) repose par son centre sur le point de suspension, les deuxième et troisième fléaux de transmission ; plus un porte-tige montant et descendant parallèlement à sa base horizontale.* Leurs grandeurs sont combinées de telle sorte que, dans le mouvement de la balance, ce porte-tige n'abandonne pas la position horizontale, et par suite la tige placée sur lui à angle droit et supportant le plateau ne quitte pas la position verticale. Il devient donc inutile de poser sur le milieu du plateau le poids, qui conserve la même valeur, quelque place qu'il occupe;

2° La *forme extérieure*.

Le mécanisme était renfermé dans une boîte au dessus de laquelle deux aiguilles placées entre les bassins indiquaient leur position relative. L'ensemble réunissait les utilités d'un instrument de pesage et d'un meuble.

Le Mémoire descriptif les décrit ainsi : « Ces balances sont de forme » très solide, portatives, non encombrantes, et susceptibles d'être établies » depuis la modeste construction se bornant à l'utile et au bon marché, » jusqu'à la plus élégante balance venant sous mille formes emprunter » les riches modèles de la pendule pour offrir ses services, sous mo-

» tifs d'ornement, dans les plus beaux magasins de tous les genres
» d'industrie. »

Ainsi, depuis le 14 juillet 1845, Béranger est devenu et doit être maintenu possesseur exclusif,

1° Non de l'idée de placer le point de suspension en dessous des bassins, mais du droit de la réaliser par les moyens et l'ensemble des combinaisons que nous venons de décrire;

2° De *l'effet nouveau* obtenu par la forme extérieure.

Cependant l'appareil décrit dans le brevet du 14 juillet présentait encore des inconvénients, que révéla la pratique. Béranger y remédia, et il prit, le 10 *août* 1846, un certificat d'addition à son brevet, où l'on remarque :

1° Que la balance change une troisième fois de nom, et prend celui, justifié par sa forme extérieure, de *balance-pendule*;

2° Que les fléaux de transmission sont montés sur des ressorts qui les ramènent toujours à leur point juste ;

3° Que les aiguilles sont placées, non plus en dessus, mais en avant et sous verre, et se trouvent ainsi préservées de tout choc.

On lit dans le Mémoire descriptif, page 29, que « cette idée est suscep-
» tible de se modifier d'une foule de manières : ainsi le cadran peut être
» protégé par une glace comme le cadran des pendules ; son limbe peut
» porter diverses indications et sa forme varier suivant le goût et les besoins
» du public. En outre, en plaçant sur le côté de la balance les index, qui
» jusque alors jouaient sur le dessus du socle, entre les deux plateaux, on
» peut disposer de cet espace pour y mettre soit *une pendule*, soit un vase,
» soit un sujet d'ornement ou d'utilité. »

Béranger présenta son instrument au ministre, qui mit à son approbation la condition que les aiguilles indicatrices seraient répétées sur les deux faces du socle, de manière à être vues à la fois par le vendeur et par l'acheteur, et de prévenir ainsi une fraude facile si le vendeur seul eût pu les voir en tournant de son côté la face de l'instrument où elles se trouvaient.

Cette combinaison de deux cadrans présentait une assez grande difficulté, celle de les faire toujours parfaitement concorder. *Un seul* placé *dessus* parut à Béranger préférable, si on parvenait à le garantir contre les chocs.

L'auteur y arriva en plaçant les aiguilles sous verre et donnant ainsi à sa balance tout à fait l'apparence d'une pendule.

Il prit, le 30 *janvier* 1849, un deuxième certificat d'addition, lui garantissant comme propriété exclusive à la fois la forme et le mécanisme, qui tous deux ont leur importance et leur valeur respective, et qui concourent ensemble à la perfection de la balance.

L'enveloppe extérieure de l'agencement des index, dont l'idée lui est propre, résulte de cette circonstance que le cadran, ainsi placé, donne à l'ensemble un cachet tout particulier, une apparence distinctive, originale, faisant d'un objet de service un objet d'ornement qui doit être assimilé à un objet d'art. Ainsi la *balance-pendule* est arrivée au degré de perfection qu'elle possède aujourd'hui.

Il en a fait un meuble élégant, commode, utile, tenant peu de place; il a inventé un système ingénieux, un instrument exact.

Seul il a droit 1° de faire des balances à point de suspension en dessous par la combinaison de trois fléaux et d'un porte-tige disposé de la façon indiquée dans ses brevets; 2° d'enfermer ce mécanisme dans des boîtes de l'apparence retracée sur les planches de ses brevets et sur les dessins qui ont accompagné la décision ministérielle approbative, et de les surmonter d'aiguilles indicatrices, placées en avant ou au dessus, sous verre, en forme de pendule.

Ce double objet a une grande valeur; il a été chèrement conquis. On peut en juger par le soin et l'art apportés à la rédaction des brevets, des mémoires descriptifs, enfin d'un travail particulier publié en 1847 sur cet instrument par M. Béranger.

Il justifie, par les quittances, avoir exactement payé tous les droits qui ont conservé force et vie à ses brevets.

L'usine de Graffenstaden a-t-elle contrefait cette balance?

Non, quant au mécanisme intérieur. Le sien est une simple modification de la machine primitive de Roberval, dont elle laisse subsister les mêmes inconvénients, entre autres celui si grave de la différence de valeur donnée aux poids par la place qu'ils occupent dans les bassins.

Mais il en est autrement de l'apparence extérieure. On a pris à Béranger tout ce qui lui était propre, original; on a reproduit jusqu'au calque les modèles tracés sur les plans annexés à ses brevets; cet ensemble qui caractérise sa *balance-pendule,* index, boîte, pendule, ornementation, — tout enfin.

La comparaison des prospectus, dessins et balances saisis, démontre l'usurpation, l'imitation, à la simple vue, et jusqu'à la dernière évidence.

Il a été ainsi causé à Béranger un triple préjudice :

Le premier, en vendant à ceux qui seraient venus acheter chez lui des balances dont l'extérieur les faisait considérer comme étant le système Béranger connu et préféré ;

Le second, en lui faisant la guerre du bon marché, facile quand on n'a à se couvrir de frais d'aucune sorte, de brevets, d'essais, de tâtonnements, etc., et qu'on livre des produits défectueux, un mécanisme plus simple, plus grossier et moins soigné.

Qui ne sait que, dans notre pays, le bas prix est tenu pour la suprême qualité des choses, le tarif le vrai terrain de la concurrence, et que la pacotille l'a toujours emporté sur le choix ?

La correspondance lue à MM. les arbitres ne laisse aucun doute à cet égard.

Le troisième, par le discrédit du système Béranger.

En effet, ce genre de balance a été mis en vogue par Béranger, qui, le premier, l'a fabriqué et y a donné le degré de précision qui le fait prévaloir aujourd'hui. Le public, habitué à trouver son mécanisme dans les boîtes de l'apparence des siennes, a cru l'y rencontrer, l'a reconnu défectueux, et s'en est dégoûté en confondant celui de Graffenstaden avec celui de Béranger, suivant son habitude de juger toutes choses sur l'étiquette et de confondre celles qui présentent les mêmes signes extérieurs.

Quel est le chiffre du préjudice causé et quel sera celui des dommages-intérêts ?

Suivant l'article 1149 du Code civil, ils doivent égaler *la perte subie et le gain dont Béranger a été privé.* Peu importe donc la minimité des bénéfices dont l'usine de Graffenstaden dit se contenter. Il ne s'agit pas de ce qu'elle a encaissé, mais de ce qu'elle a empêché Béranger d'encaisser. (V. Dalloz, *Brevet d'invention,* n° 377.)

Béranger aurait vendu les balances pendules que l'usine a débitées en contrefaçon à son préjudice. Or elle avoue en avoir vendu 1,000 environ, au prix moyen de 150 fr., sur lequel le prix de revient est à peine de 50 p. 100, et le bénéfice net égal, c'est-à-dire, pour 1,000 balances, 75,000 fr.

Ces chiffres n'étonnent pas quand on sait que Graffenstaden gagne annuellement plus de 1,500,000 fr., et que la balancerie n'est qu'un détail dans cette immense entreprise, qui doit pourtant y trouver des avantages réels et considérables, pour se résigner à descendre à la contrefaçon, et y persévérer après un avertissement judiciaire.

Le tribunal doit-il prononcer au profit de Béranger la confiscation des balances-pendules saisies ?

Art. 49 de la loi du 15 juil. 1844.

« La confiscation des objets contrefaits est prononcée, même en cas d'ac-
» quittement, contre le receleur, l'introducteur ou débitant. Les objets con-
» fisqués sont remis au propriétaire du brevet, sans préjudice de plus am-
» ples dommages-intérêts et de *l'affiche du jugement*, s'il y a lieu. »
Voir Et. Blanc, page 365 ; Renouard, n° 257.

« Ne pas prononcer la saisie (a dit M. Philippe Dupin), c'eût été auto-
» riser la vente d'objets contrefaits ; en d'autres termes, c'eût été autoriser
» la contrefaçon.

» La confiscation doit s'appliquer à tous les objets reconnus contrefaits,
» et non pas seulement à ceux qui ont été décrits ou saisis par l'huissier.
» S'il n'est plus possible de les atteindre tous, les juges trouvent dans la
» latitude qui leur est laissée pour la fixation des dommages-intérêts le
» moyen d'assurer au breveté une réparation suffisante.

» Lorsque les objets confisqués sont inséparables d'autres objets non
» contrefaits, la confiscation du tout doit être prononcée. » (Cass. req. 2 mai
1822, req. et rej., 31 déc. 1822).
V. Dalloz, *Brevet d'invention*, n°ˢ 372, 373, 374, 375.

Le jugement à intervenir sera-t-il publié par la voie des affiches et des journaux ?

Béranger le demande de la façon la plus formelle et avec instance. Son but n'est point une simple satisfaction de vanité, mais le désir bien légitime de prévenir les contrefaçons et d'être dispensé de l'obligation de les poursuivre. L'annonce de la condamnation d'un contrefacteur est le seul moyen d'arrêter les autres, de les empêcher de tenter sur le domaine d'autrui ces excursions que la loi et le bon sens qualifient *délit*, d'effrayer ceux qui ne s'en feraient point scrupule et d'avertir ceux qui le commettraient par ignorance.

Or, la bonne foi ne suffit point à les excuser, aux termes des art. 40 et 41 de la loi du 5 juillet 1844.

La conscience du délit est présumée contre eux. Elle n'a besoin d'être prouvée que contre ceux qui se seraient bornés à recéler, vendre ou intro-

duire en France les objets contrefaits, et encore la Cour de cassation ju-
geait le 12 *juillet* 1851 : « Celui qui, même de bonne foi, achète une ma-
» chine contrefaite dans le but d'en faire un usage commercial et d'éta-
» blir ainsi, avec ses produits, une concurrence nuisible au breveté, doit
» être considéré comme *contrefacteur et puni* comme tel. »

Et le 13 août 1852 :

« L'erreur dans laquelle ont pu être des marchands ou débitants sur
» la durée d'un brevet d'invention, et la persuasion où ils auraient été
» que l'invention était tombée dans le domaine public, ne sauraient
» constituer une excuse de bonne foi qui les mette à l'abri de poursuites
» pour contrefaçon. »

Graffenstaden se trouve non seulement dans des circonstances identiques,
mais encore, de son aveu, est contrefacteur direct, si la balance-pendule, objet
du procès, doit être considérée comme la propriété particulière de Béranger.

C'est ce que nous allons examiner en *droit*.

JURISPRUDENCE.

PREMIÈRE QUESTION.

Y a-t-il idée brevetable :

1° *Dans l'idée de placer le mécanisme d'une balance dans une boîte se prêtant à divers ornements, avec des aiguilles indicatrices placées sous verre,
soit en avant, soit en dessus, et donnant à l'ensemble la forme d'une
pendule qui justifie son nom ?*

2° *De réunir ainsi les utilités d'un instrument de pesage et d'un meuble
d'ornement ?*

Oui, par cela seul que cet ensemble forme *un produit industriel*, ayant
une assez grande valeur dans le commerce, où il est recherché pour ce
double avantage.

En effet, sa nouveauté ne paraît pas être contestée ; son utilité peut Consultation de M. de Perpigaa.
l'être moins encore. Les aiguilles laissées à découvert sont exposées à des
chocs qui peuvent les fausser ; en les couvrant, on les soustrait à des acci-
dents de ce genre. Le verre, par sa transparence, permet de voir le mouvement des aiguilles, tant en avant qu'en arrière de la balance, et protège
en même temps lesdites aiguilles contre la poussière ou toute obstructio

qui pourrait être apportée à leur jeu. L'avantage de cette disposition est tellement frappante qu'elle saute à tous les yeux. Il y a donc là tous les caractères de la brevetabilité.

La meilleure démonstration de ce que nous venons d'énoncer résultera, à notre avis, des citations suivantes :

Loi du 5 juil. 1844, article 2. — La loi considère comme inventions ou découvertes nouvelles : 1° l'invention de nouveaux produits industriels ; 2° l'invention de moyens nouveaux pour l'obtention d'un résultat ou d'un produit industriel ; 3° l'application nouvelle de moyens connus.

Renouard, n° 62, Brevet d'invention. Blanc, Code des inventions, p. 257. — On entend par *produit industriel* un *corps* certain et déterminé susceptible d'entrer dans le commerce, soit que la main des hommes l'ait façonné et fabriqué, soit que leur travail et leur intelligence l'aient conquis sur la nature matérielle.

Dalloz, Brevet d'invention, n° 43, page 571. — Un résultat s'entend particulièrement de tout avantage obtenu dans la production par rapport à la qualité, à la quantité des objets, ou à la diminution des frais d'obtention.

Loi du 25 mai 1791, art. 2 et 8. Loi du 5 juil. 1844, art. 1er et 30. Dalloz, Brevet d'invention, n° 161. — Les changements de formes ou de proportions et les ornements ne peuvent en général constituer des inventions brevetables, à moins, comme l'a déclaré M. Barthélemy, rapporteur de la loi de 1844, qu'ils ne produisent des *effets nouveaux*.

La loi ancienne, comme la loi nouvelle, loin de restreindre les priviléges des auteurs, s'est au contraire appliquée à les étendre aussi loin que la raison le permet.

S. Cass. 1853. 1. 193, Sax contre Roux. Conforme Rouen, S. 1855. 2. 31, entre les mêmes parties, sur le renvoi prononcé par la Cour de cassation. — « Une forme nouvelle ou un changement de proportion dans un produit » connu est aussi une invention brevetable, quand *ce changement fait ob-* » *tenir un résultat nouveau.* »

Etienne Blanc, page 257. Dalloz, page 575, n° 51, Brevet d'invention. Renouard, n° 66. — Toute invention industrielle a droit d'être brevetée, quelque faible que puisse être ou paraître son *utilité réelle.*

Dalloz, 53, Brevet d'invention. Trib. de la Seine, 29 avril 1845, Deschamps C. Aveline. — Une invention industrielle qui n'a pas exigé un grand effort d'intelligence, mais qui s'applique à un usage général (comme, par exemple, les chaînes-fermoirs pour les gants) ne laisse pas d'être brevetable.

Pareillement, on peut voir une invention véritable et sérieuse dans le fait de celui qui, en perfectionnant et en combinant, pour percer les matières destinées à recevoir les œillets métalliques et pour les y river, des moyens précédemment connus, a rendu ce genre de travail plus régulier, plus rapide et plus économique.

De même encore, un brevet obtenu pour des modifications apportées aux loups cardeurs, à l'effet de rendre ces machines propres au travail du crin, et notamment à l'équarrissage des soies de porc, doit être réputé valable si ces modifications sont de nature à rendre plus facile et plus économique le travail du crin et de la soie de porc.

Il a même été décidé que celui qui, dans la confection des chapeaux de dames, avait eu l'idée de substituer aux deux calottes de linon placées l'une dans l'autre, précédemment employées, une seule calotte formée de gaze et de linon, appliquée l'une à l'autre, au moyen d'un fer chaud, avant la confection de la calotte, et d'économiser ainsi la main-d'œuvre d'une calotte par chapeau, avait en cela inventé un perfectionnement de fabrication pouvant être l'objet d'un brevet.

Enfin, la Cour d'Aix, statuant sur la contrefaçon de la balance-pendule de Béranger, a jugé qu'il y avait lieu à brevet valable tant pour l'enveloppe extérieure, la *pendule* représentée par les aiguilles placées sous verres, que pour la combinaison du mécanisme intérieur.

DEUXIÈME QUESTION.

La balance-pendule Béranger constitue-t-elle une propriété industrielle, soit d'un dessin en relief, soit d'un objet de sculpture industrielle ?

La loi protège contre la contrefaçon la propriété de toute création, soit des arts proprement dits, soit des arts appliqués à l'industrie. C'est ce qui résulte des mots : *ou toute autre production qui appartienne aux beaux-arts.*

La loi de 1793 est applicable aux ouvrages de sculpture industrielle.

L'ordonnance royale du 10 septembre 1814 décide que les dispositions des lois et règlements sur les contrefaçons en général sont déclarées communes aux contrefaçons en sculpture.

Sculpter, c'est dessiner avec le burin ou l'ébauchoir en creux ou en relief. Il n'y a pas lieu de distinguer entre une sculpture appartenant aux beaux-arts et les sculptures destinées au commerce.

La formalité du dépôt n'est pas nécessaire.

Voir : 1° Cassation, 17 septembre 1814, arrêt Romagnesi ;
— 2° Paris, 22 juin 1818.

Susse contre Martinelli, Dalloz, 1848, 2, 178. Douai, 3 juin 1850, 2, 247 ; affaire Damon et nombreux arrêts indiqués sous celui-ci :

« Attendu que la loi du 19 juillet 1793 n'a imposé qu'aux auteurs des
» ouvrages imprimés ou gravés l'obligation de déposer deux exemplai-
» res de leurs ouvrages ; que les sculpteurs n'y ont jamais été soumis ;
» que, dès lors, on ne peut pas exiger de cette loi une fin de non-rece-
» voir... »

Au surplus, le dépôt n'aurait d'intérêt que pour établir l'origine et la date de l'invention du modèle, ce à quoi répond le brevet pris dans l'espèce.

ARRÊTS :

La reproduction ou imitation d'un ouvrage d'art peut constituer le délit de contrefaçon, bien que le sujet principal de cet ouvrage soit dans le domaine public, s'il est accompagné d'*ornements particuliers de l'invention d'autrui*. Ces ornements, quoique purement accessoires, n'en sont pas moins la propriété exclusive de l'auteur, et l'imitation constitue la contrefaçon.

La reproduction de tout modèle ou dessin destiné à être exécuté en relief constitue une contrefaçon, bien que ce modèle ou dessin s'applique à un objet purement industriel, *quelle que soit d'ailleurs la simplicité de la forme et en l'absence même de toute ornementation,* si d'ailleurs cette forme est assez déterminée pour pouvoir donner à l'objet auquel elle s'applique un caractère qui permette d'en reconnaître l'origine et l'individualité. Il en est ainsi, spécialement, du modèle ou dessin de poêles ovales, avec certaines dimensions, lorsque cette forme est appliquée nouvellement et dans certaines conditions qui leur donnent un caractère presque spécial.

« Vu les articles 4 et 7 de la loi du 19 juillet, 1793; — Attendu que les dis-
» positions de cette loi ont pour objet de protéger contre la contrefaçon la
» propriété de toute création, soit dans les arts proprement dits, soit des
» arts appliqués à l'industrie ; que cette protection s'étend donc à la pro-
» priété des dessins ou modèles destinés à être reproduits en relief ; — At-
» tendu que la nature usuelle d'un produit, non plus que la simplicité du
» dessin et l'absence même d'ornementation, ne sauraient suffire pour le
» mettre en dehors de la protection légale, lorsqu'il est constant :
» 1° Que ce produit porte en lui un caractère propre et spécial qui
» permette d'en apprécier et d'en reconnaître l'individualité ; 2° que son
» auteur a entendu s'en réserver la propriété et qu'il a fait dans ce but, en
» conformité des indications de la loi , tout ce que lui permettait la nature
» des choses ; 3° quand la servilité de l'imitation démontre que le produc-
» teur n'a fait autre chose que de s'emparer des résultats du travail d'au-
» trui. »

L'arrêtiste fait observer avec raison que cette double décision a une grande Devilleneuve, *Recueil des arrêts,*
importance , car elle étend le principe protecteur des inventions nouvelles S. 1854. 1. 549.
des créations de l'art à des objets industriels qui ne se distinguent de ceux
déjà en usage que par *la forme et le dessin.*

3ᵉ QUESTION.

*Y a-t-il enfin lieu à des dommages-intérêts résultant d'une concurrence dé-
loyale par l'usurpation de la forme ? Y a-t-il marques vulgaires ?*

L'usine de Graffenstaden s'est attachée à reproduire les avantages extérieurs qui provoquent l'attrait du public pour les balances-pendules-Béranger.

Elle a choisi précisément pour les siennes les signes qui servent d'étiquette et d'enseigne aux nôtres, et auxquels l'acheteur est habitué à les
reconnaître.

Elle a usurpé notre *marque* distinctive, cette *pendule* qui est le cachet
de notre balance.

Dans quelle intention ?
Evidemment dans le but de tromper le public, de lui vendre la marchandise contrefaite, à l'aide de son goût pour la nôtre, dont il avait apprécié la
supériorité.

Graffenstaden a donc ainsi déloyalement causé à Béranger un préjudice dont, aux termes de l'article 1382 du Code civil, elle lui doit réparation.

Citons quelques décisions intervenues dans des circonstances analogues :

Dalloz, *Rép.*, v° Industrie, 368. Gastambide, n°ˢ 474 et suivants. E. Blanc, Contrefaçon, page 200.

Toutes les indications particulières qui servent à désigner un produit peuvent être l'objet de la propriété industrielle, et sont protégées comme telles contre toute usurpation.

Trib. comm. de la Seine, 16 janv. 1834, aff. Gardet. Trib. dito, 29 mai 1834, Ravier. Trib. dito, 13 mai 1846, Brunet. Paris, 19 janv. 1852, Dalloz, 2. 266, Riche. Bordeaux, 9 fév. 1852, Dalloz, 2. 267.

Le *nom* sous lequel un produit est désigné est une propriété, pourvu que ce nom ne soit pas le nom propre de la chose qu'il sert à désigner. Toutefois, lorsque le produit lui-même est devenu, par l'effet d'un brevet d'invention, une propriété exclusive, son nom l'est à plus plus forte raison et doit être respecté.

Tribunal de la Seine, aff. Gevelot.

Le sieur Gevelot débitait des capsules dans de petites boîtes rondes et vertes portant G. G. comme indication de ses nom et prénom.

Un autre fabricant de capsules en vendit sous les mêmes indications, alléguant que ses nom et prénom commençaient également par cette même lettre G.

Le tribunal de la Seine le lui défendit, comme portant atteinte frauduleuse à l'achalandage créé par le sieur Gevelot sous ce genre d'étiquette.

Trib. comm. Seine, 22 mars 1829, Froment. Trib. dito, 13 mai 1846, Brunet. Lyon, 15 janv. 1851, Lecoq C. Boudin, S. 53. 2. 37.

Les *enveloppes*, *boîtes*, *flacons*, peuvent, par leur forme, leur couleur, les *étiquettes* qui y sont apposées, désigner les produits d'un fabricant et faire l'objet d'une véritable propriété industrielle.

Lyon, 22 août 1851, Dalloz, 52. 2. 266. Arrêt interdisant au sieur André d'employer la *couleur de la cire* adoptée par Badoil pour cacheter ses bouteilles d'eau minérale de Saint-Galmier. Paris, 21 janv. 1850, Dalloz, 51. 2. 123, Delvallée.

La couleur même et les dimensions d'une marchandise sont des indications qui servent à désigner les produits d'un fabricant, et peuvent aussi faire l'objet d'une propriété industrielle.

Cass. 28 mai 1822. Riom, 18 fév. 1834. Rouen, 30 nov. 1840 (étoile usurpée). Trib. de la Seine, 13 mai 1846. V. Dalloz, Industrie, n°ˢ 369, 370, 371, 372, 373.

L'application de la *marque* usurpée à des produits identiques ou analogues constitue évidemment une fraude préjudiciable, car, dans cette application, il y a à la fois fait et intention de s'approprier la clientèle d'autrui, de nuire au fabricant dont on emploie la marque.

BASCULE-ROMAINE.

Parmi les instruments de pesage, *la romaine* et *la bascule* présentent la plus simple expression du mode primitif.

Elles n'ont pu suffire aux besoins nés du développement de l'industrie.

Le plateau d'une balance ne saurait contenir que des objets d'un volume restreint.

La romaine ne s'applique qu'en soulevant la charge soumise au pesage ; ce qui est souvent difficile, parfois rendu impossible par le poids.

Les bascules ont résolu en partie la difficulté.

La base de leur système est (comme nous l'avons dit dans l'exposé général qui précède la note relative à la balance-pendule) l'inégalité des bras du fléau, pesant proportionnellement, par exemple, de 1 à 100 ou à 1000, *et vice versâ*, suivant qu'on place l'objet à peser ou le poids sur l'un ou l'autre des plateaux.

Elles furent mises en usage pour la première fois, en 1793, par l'ingénieur en chef M. Duvergier, pour *peser les voitures sur les routes*.

Cette innovation donnait les moyens de peser en une seule fois des poids considérables, qu'auparavant il fallait morceler ; mais l'exécution de l'idée présenta d'abord des inconvénients de plus d'une sorte : la machine n'était pas transportable, composée en partie de maçonnerie ; les rouages compliqués coûtaient cher et entraînaient une perte de temps assez grande pour l'opération du pesage. Celui d'une voiture ne prenait pas moins d'un quart d'heure.

En 1820, Quintenz prit un brevet pour diverses améliorations. Son système consistait en :

1° Un pont à bascule, tenant lieu du plateau où l'on place les objets à peser, et reposant sur trois ponts d'appui ;

2° Deux tringles de suspension (ou de puissance) ;

3° Un fléau partant du milieu du bâti, perpendiculaire à son plan et se projetant en dehors ;

4° Un plateau de balance attaché au bout de ce fléau, et recevant ces

Premier modèle.

3

poids proportionnels, car c'était l'application de la balance à la bascule;

5° Un petit godet placé au-dessus de ce plateau, et destiné à recevoir de la grenaille pour établir l'équilibre.

Les avantages de cette invention étaient de deux sortes : la bascule rendue portative, et l'opération du pesage devenue plus rapide.

Plusieurs inconvénients subsistèrent :

1° Le fléau perpendiculaire au bâti était encombrant, gênant pour le commerce, avare d'espace dans ses magasins;

2° Les deux tringles de suspension occasionnaient des tiraillements dans le jeu;

3° Le plateau des objets à peser, ne reposant que sur trois points d'appui, était soumis à des vacillations qui, le faisant porter sur les côtés du bâti, occasionnaient des erreurs fréquentes et considérables.

Deuxième modèle.

En 1827 Paret, et en 1832 Kolb et Jund, apportèrent à l'instrument de l'inventeur les perfectionnements suivants :

1° Ils remplacèrent le plateau des poids proportionnels par un fléau de romaine réunissant les deux idées de la romaine et de la bascule, ce qui simplifiait et accélérait considérablement l'opération du pesage;

2° Ils placèrent un régulateur fixe et invariable sous la forme d'un *peson*, avançant ou reculant comme le poids curseur de la romaine, au lieu du godet à grenaille, prêtant à la fraude;

3° Ils ajoutèrent un quatrième point d'appui, et évitèrent ainsi les oscillations du plateau;

4° Ils supprimèrent une des deux tringles de suspension, et n'en conservèrent plus qu'une, au milieu du bâti, simplification facilitant le jeu.

Troisième modèle.

Mais le fléau resta perpendiculaire au plan du plateau, se projetant en dehors et présentant tous les inconvénients de l'espace considérable occupé dans les magasins, ce qui en empêchait la vente.

En 1835, Béranger fit sa première bascule et sa première tentative pour résoudre le problème de renfermer le fléau dans le plan du bâti: il le plaça en travers, au lieu de le laisser perpendiculaire; mais, comme il partait du milieu, s'il ne sortait plus en ligne droite, il sortait de côté, ce qui n'arrivait qu'à diminuer le grave embarras de l'encombrement, sans le faire disparaître.

Quatrième modèle.

Il se contenta alors d'appliquer la *balance* à la bascule, ne pouvant encore employer le levier de romaine, et devant attendre l'expiration des brevets de Kolb et Jund.

Il prit un brevet de dix ans.

En 1838, il atteignit le but, après de longues et patientes recherches et de coûteux essais. Coudant l'un des leviers sur lesquels repose le plateau, il porta la tringle de suspension dans l'*angle* du bâti, et, gagnant ainsi l'espace entier de sa largeur, il put renfermer en totalité le fléau dans son plan, ce qui rendit son instrument commode, en diminuant *de moitié* l'espace qu'il occupait. Il en généralisa par cela même l'usage.

Mais il fut obligé de renoncer à l'avantage des quatre points d'appui, et dut se contenter de trois, en subissant le défaut des vacillations qui en résultaient.

Alors, il ne put découvrir le moyen de l'éviter, et aucun autre ne fut plus heureux que lui.

La suppression du quatrième point d'appui par la modification de la forme et de la disposition des leviers fut donc la conséquence du transport de la tringle de suspension dans l'angle, permettant de renfermer le fléau dans le plan du bâti.

Le réunion de ces deux avantages : — 1° *fléau en travers*, renfermé en entier dans le plan du bâti par suite de la tringle de suspension dans l'angle ; 2° *les quatre points d'appui*, — ne fut pas découverte, et, entre les deux désavantages de l'encombrement résultant du fléau perpendiculaire et des oscillations conséquence de la suppression du quatrième point d'appui, il considéra ce dernier comme moins important.

Il prit un brevet de quinze ans.

En 1839, il ajouta un diviseur fractionnaire, placé au bout du fléau de romaine, et rentrant à volonté.

Nouveau brevet de quinze ans.

En 1840, enfin, il porta sa bascule au point de perfection où elle est restée.

En se servant d'un levier fourchu, il est arrivé à rétablir le quatrième point d'appui, en laissant la tringle dans l'angle, et maintenant, par conséquent, le fléau en travers et dans le plan du bâti ; c'est-à-dire qu'il a réuni deux avantages jusque alors séparés et s'excluant l'un l'autre, puisque avant sa découverte on avait des bascules à quatre points d'appui, avec le fléau perpendiculaire, sans oscillations, et occupant un espace double, ou des bascules à fléau en travers, mais avec trois points d'appui, entraînant des vacillations, et partant des irrégularités.

Il assembla leurs qualités en écartant leurs inconvénients,

Le Mémoire descriptif précise nettement la pensée et la prétention de l'inventeur (1).

Tel est l'objet contrefait par l'usine de Graffenstaden.

Celle-ci conteste, non la similitude des instruments, mais l'invention.

En effet, l'imitation n'est ni niée ni niable.

L'invention est discutée; mais elle ne saurait être contestée qu'à la condition, par le prévenu, de justifier les exceptions qu'il allègue, à savoir: *l'antériorité de la découverte*, et *l'imbrevetabilité de l'idée du plaignant*.

1° Antériorité de la découverte.

Elle peut résulter ou de la fabrication du même instrument, présentant les mêmes éléments, avant le 29 août 1840, date du brevet de Béranger;

Ou d'un brevet antérieur décrivant clairement le même système, les mêmes avantages, démontrant l'identité de l'ensemble, des moyens et du résultat.

Ce seraient deux faits *positifs*, faciles à établir, dont la preuve incombe évidemment au défendeur qui les allègue, au prévenu, demandeur à l'exception.

Eh bien! qu'on représente ce brevet, ou qu'on rapporte une bascule semblable, avec l'attestation de la date de sa construction!

Béranger, lui, n'a pas à démontrer des faits *négatifs*, comme la *non-fabrication* antérieure, et, par cela seul que ses adversaires ne prouvent rien, il doit être maintenu dans son droit privatif et exclusif; mais il va plus loin.

1° Il montre la présomption favorable qui résulte — des termes mêmes de son Mémoire descriptif, spécifiant l'objet de l'invention et du brevet; — de la décision du gouvernement, envoyant à tous les vérificateurs une circulaire annonçant sa bascule, ainsi modifiée, comme une nouveauté; — enfin de l'opinion motivée de tous les vérificateurs qu'il a consultés, et dont les attestations sont au dossier.

---

(1) Afin que personne ne puisse établir la bascule système Béranger autrement que sur *trois axes*.

2° Il discute chaque nom mis en avant comme celui de l'inventeur antérieur, et met en saillie la différence radicale qui existe entre leurs instruments et le sien. En effet, étaient tombés dans le domaine public : *les deux leviers*, *les quatre points d'appui*, *la tringle dans l'angle*, *le fléau en travers*, *le bras de romaine appliqué à la bascule*, enfin tous les éléments qui rentrent dans sa balance ; mais *non leur réunion*, qui forme l'invention, la nouveauté, le progrès, le perfectionnement.

Quintenz avait trois points d'appui et le fléau perpendiculaire.

Parel l'avait aussi, avec quatre points d'appui.

Béranger lui-même, dans ses brevets antérieurs à 1840, tombés dans le domaine public, présentait le fléau en travers, mais seulement avec *trois* points d'appui.

Ce n'est qu'en 1840 que le résultat désiré, c'est-à-dire la bascule *entièrement parallélogrammique sans variations*, a été trouvé.

Si l'on nous signale d'autres brevets, d'autres antériorités que nous ignorons, nous sommes assurés à l'avance d'y remarquer et d'y signaler des différences essentielles avec les nôtres, et prêts à leur faire cette réponse aussi simple que péremptoire : Construisez, établissez des bascules d'après ces systèmes, faites comme eux, copiez-les ; mais n'ajoutez pas à leurs découvertes les progrès que nous avons réalisés.

Après l'audience du 16 avril, on nous a laissé entrevoir les plans d'une bascule décrite dans un brevet anglais pris en 1833.

Le seul aspect de cet instrument montre une dissemblance complète avec le nôtre (la sagacité du tribunal l'appréciera), et nous sommes d'autant plus fondés à le soutenir, que Béranger lui-même a pris à Londres un brevet (ou patent) de 14 ans pour sa bascule, brevet contre lequel personne en Angleterre n'a encore élevé aucune prétention pour revendiquer la priorité de cette invention (1).

Au surplus, pourquoi l'usine de Graffenstaden ne s'est-elle pas bornée à *calquer* des bascules sur celles de cet Anglais, au lieu de contrefaire les nôtres ?

C'est qu'il lui a paru plus commode de copier le brevet Béranger, dont les plans étaient entre les mains de M. Schwilgué, vérificateur des poids et mesures à Strasbourg et beau-frère de M. Messmer, directeur de

____

(1) Voir le journal de M. Newton Andson, mai 1850.

l'usine, que d'aller chercher à l'étranger un système dont elle ignorait sans doute l'existence, et qui n'aurait pas atteint son but ; c'est encore que les administrations de chemins de fer qu'elle fournit ont demandé des bascules du système Béranger, qu'elles préfèrent à tous autres.

BREVETABILITÉ DE L'INVENTION.

L'idée était-elle brevetable ?

Oui, doublement :

1° Comme *produit industriel* (art. 2 L. 5 juillet 1844), *bascule-ro-maine, ni vacillante ni encombrante.*

La Cour de cassation a jugé, le 30 mars 1853, qu'un nouvel appareil *mécanique* doit être qualifié *produit industriel*, et est, à ce titre, susceptible de faire la matière d'un brevet d'invention. (Sirey ; 53-1-264. — D. 53-1-198.)

2° Comme *application nouvelle* de ces deux moyens connus, *quatre points d'appui et tringle dans l'angle* pour *l'obtention d'un résultat.*

Le *résultat*, c'est une bascule plus solide, plus précise et bien moins encombrante que les anciennes, et dont le système se résume en : *deux leviers coudés, quatre points d'appui, une tringle de suspension dans l'angle avec fléau en travers renfermé en entier dans le plan du bâti.*

C'est ce qui a été jugé, dans des circonstances identiques, par le tribunal de Marseille, dont le jugement a été confirmé par arrêt de la Cour d'Aix en date du 2 février 1854.

Voici le texte de cette décision :

« Attendu qu'il est reconnu par Béranger lui-même que, prises isolé-
» ment, les diverses parties composant la balance-bascule sont effecti-
» vement tombées dans le domaine public avant la date du brevet ;
» qu'en effet, on connaissait auparavant et les quatre points d'appui, et
» le levier coudé, et la tringle de puissance mise dans l'angle, et le fléau
» en travers ;

» Mais attendu que Béranger soutient, et qu'il demeure avéré pour
» le tribunal par l'inspection des plans et dessins versés au procès, qu'a-

» vant le brevet de perfectionnement de 1840, jamais les quatre modifi-
» cations dont s'agit ne s'étaient trouvées réunies dans la même balance;

» Attendu qu'on ne trouve que trois points d'appui dans celle qui se
» rapproche le plus de la balance Béranger;

» Attendu qu'en l'état, il n'est ni vrai ni juste de dire que Béranger n'a
» rien inventé; qu'il est certain, au contraire, qu'il est parvenu à faire
» concourir au même but des moyens connus et dont personne n'avait
» pu réunir l'emploi et l'usage simultanés;

» Attendu que, si l'emploi d'un instrument ou d'un mode de méca-
» nisme déjà connu suffisait pour faire réputer non brevetable une décou-
» verte quelconque, la législation sur les brevets d'invention serait pres-
» que sans objet, puisqu'elle ne s'appliquerait qu'à la création de corps
» nouveaux dont la substance ou la manière d'être ne rencontreraient pas
» d'analogues;

» Attendu que ce n'est point ainsi que cette législation a été entendue
» par la Cour suprême, et que, loin de restreindre les priviléges des inven-
» teurs, elle s'est appliquée à les étendre aussi loin que la raison le per-
» mettait;

» Attendu qu'elle a jugé, par arrêt du 30 décembre 1844, que l'em-
» ploi d'un organe semblable, mais avec un moyen de mise en action
» différent, constitue un nouveau procédé (*Dalloz*, 1844, t. 1, p. 128);

» Attendu qu'elle a jugé encore, par arrêt du 4 février 1848, que
» l'art. 2 de la loi du 5 juillet 1844 considère comme brevetable l'appli-
» cation nouvelle de moyens connus pour l'obtention d'un résultat ou d'un
» produit industriel (*Dalloz*, 1848, t. 5, p. 35);

» Attendu que Béranger se trouve évidemment dans le cas prévu par
» ces arrêts; qu'il a usé de moyens connus pour arriver à un résultat
» nouveau;

» Attendu que la réunion de moyens déjà connus constitue l'invention
» de la part de Béranger;

» Attendu qu'il a été jugé que l'idée essentielle mise en œuvre ou réa-
» lisée par un tiers constitue la contrefaçon (arrêt de la Cour royale de
» Douai, 3 mars 1846. — *Dalloz*, 1847, t. 2, p. 205);

» Attendu que la même Cour s'est conformée à la jurisprudence de la
» Cour de cassation, puisque, par l'arrêt qui vient d'être cité et par un
» autre en date du 31 mars 1846 (*Dalloz*, 1847, p. 222), elle a jugé que
» la composition, au moyen d'éléments, tombés dans le domaine public;

» d'une machine nouvelle destinée à donner des produits plus parfaits, est
» susceptible de brevet;
» Par ces motifs,
» Déclare Digne contrefacteur des bascules pour lesquelles Béranger a
» un brevet d'invention. »

Relativement à la confiscation des *bascules* saisies, à la publication du
jugement à intervenir et aux principes qui doivent déterminer l'appréciation des dommages-intérêts, nous nous en référons à ce que nous avons
dit sur la *balance-pendule*.

Un mot seulement sur le chiffre spécial aux bascules :

L'usine de Graffenstaden reconnaît en avoir fabriqué au moins 800 au
prix moyen de 200 fr., sur lesquels le bénéfice net est au moins de 50
p. 100, soit 100 fr. par bascule : total 80,000 fr.

Or, la contrefaçon existe par la seule fabrication, qui doit servir de base
aux dommages-intérêts, sans se préoccuper du nombre d'objets vendus.

Du reste, une note communiquée après l'audience du 16 avril indique
77,584 fr. 98 comme le chiffre des ventes de bascules, ce qui, de
l'aveu des adversaires, porte l'indemnité due à Béranger à la moitié, soit
39,000 fr. sur ce seul chef, en partant de ce double principe :

1° Que les dommages-intérêts doivent égaler la perte subie par le plaignant et le gain dont il a été privé (art. 1149 Code civil);

2° Qu'ils doivent être calculés non sur les bénéfices obtenus par le contrefacteur, mais sur le préjudice éprouvé par le breveté.

Dalloz, *Brevets* n° 377; tribunal de Nancy, affaire Germain (sur pourvoi
en cassation, arrêt de rejet).

MM. les arbitres devront se montrer d'autant plus larges dans cette
allocation que le brevet de Béranger expire au mois d'août prochain.

L'usine de Graffenstaden, si féconde en délais, trouvera bien le moyen par
son pourvoi devant la Cour de cassation de prolonger le procès jusque là.

Alors elle pourra continuer légalement la fabrication des objets brevetés
tombés dans le domaine public. En attendant, au lieu de la ralentir, elle
l'accélère; ses magasins sont pleins de balances-pendules et de bascules

romaines; le débit n'en aura pas été interrompu un seul jour ; et sans discontinuer elle aura ainsi usé du bien d'autrui comme de chose à elle appartenant, recueilli comme un frelon le fruit des labeurs, des recherches coûteuses, des découvertes d'un inventeur que la loi cependant doit protéger. *Sic vos non vobis.*

JURISPRUDENCE.

L'idée d'avoir réuni dans un instrument de pesage obtenant un résultat plus parfait les avantages de deux systèmes s'excluant l'un l'autre constitue-t-elle une invention brevetable?

Relativement à ce qu'on doit entendre par *produit et résultat industriels,* nous nous référons à ce que nous avons dit sur la balance-pendule.

Les *moyens* sont les procédés, les combinaisons, la manière dont tels organes connus sont employés. *(Et. Blanc, Code des inventions, page 257.)*

La loi déclare brevetable l'invention de moyens nouveaux et d'applications nouvelles de moyens connus. *(Art. 2, loi du 5 juil. 1844.)*

Sous l'empire même de la loi de 1791, l'appareil dont s'agit eût été brevetable. *(Trib. Seine, 24 déc. 1829. Dalloz, Brevet, page 572, n° 47.)*

En effet, jugé qu'un procédé industriel, bien qu'il soit déjà connu, peut cependant, en tant qu'appliqué à l'objet d'une découverte, devenir la matière d'un brevet d'invention,

Attendu :

« Qu'une invention resterait inerte et stérile, tant pour son auteur que pour la société, si elle demeurait dans les termes d'une simple théorie, sans passer à l'état d'application ; *(Cass. 27 déc. 1837, Dalloz, Brevet, pages 572, 573, n° 48, Rattier et Guibal C. Janvier.)*

» Que, si cette application ne peut se faire qu'à l'aide de procédés déjà connus, et qui, par conséquent, appartiendraient en thèse générale au domaine commun de l'industrie, l'emploi de ces procédés, en tant qu'appliqués à l'objet de la découverte, peut être justement frappé du même droit privatif que la découverte elle-même, et devenir comme celle-ci, en considération de l'utilité qui s'y rattache, la matière d'un brevet d'invention. »

Rouen, 4 mars 1841.

Jugé que des éléments mécaniques tombés dans le domaine public peuvent faire l'objet d'une propriété privilégiée si l'application qui en est faite au moyen de combinaisons particulières réalise une idée nouvelle. Dès lors, celui qui combine de la même manière ces éléments mécaniques pour arriver au même résultat commet le délit de contrefaçon.

Cass. 13 août 1845, Dalloz, 45. 2. 408, aff. Bedier C. Elkington.

Jugé encore que toute nouvelle application industrielle, même d'un procédé déjà connu ou d'une idée PUBLIÉE, peut devenir l'objet d'un brevet d'invention :

Renouard, Contrefaçon, page 286, — nᵒˢ 64, 65 et suivants.

« Attendu que celui qui, le premier, parvient à tirer d'une découverte » antérieure certains produits et résultats pratiques non obtenus avant lui » et susceptibles d'être livrés au public, qui n'en jouissait pas encore, est » véritablement inventeur quant à ces produits et résultats, et a droit » aux avantages conférés par la législation à ceux qui étendent l'action et » le domaine de l'intelligence. »

Ainsi, sous l'empire de la loi de 1791, la bascule-romaine Béranger eût été brevetable, et, *a fortiori*, elle doit l'être sous celui de la loi du 5 juillet 1844, plus favorable aux inventeurs. Aussi la jurisprudence, loin de restreindre leurs priviléges, s'est au contraire appliquée à les étendre aussi loin que la raison le permettait.

Douai, 30 mars 1846, aff. Descat.

Ainsi, *jugé* que la composition d'une machine à l'aide d'éléments déjà connus et employés *isolément*, mais dont la combinaison et l'agencement donnent lieu à des produits *plus parfaits*, *est susceptible* d'être brevetée.

Dalloz, 47. 2. 207.

Idem pour l'application nouvelle d'un mécanisme composé de mécanismes déjà employés *isolément*.

Paris, 29 juil. 1848, aff. Briet.

La réunion de moyens connus appliqués à la serrurerie et produisant un résultat industriel nouveau, une serrure nouvelle, est brevetable. Notamment, un brevet d'invention obtenu pour l'application de la double barbe au pêne retourné est valable, bien que le retournement du pêne fût déjà tombé dans le domaine public.

Cass. 17 janv. 1852, aff. Roblfs. Dalloz, 1853. 1. 67.

Jugé encore qu'un appareil industriel ne peut être déclaré non brevetable sous prétexte que chacun des organes qui le composent étaient antérieurement connus et *appliqués*, la combinaison de ces organes pouvant constituer un procédé nouveau.

Voir encore arrêt *Rousseau* (Cass. 9 novembre 1852 ; Sirey, 53. 1. 662.)

L'usurpation de l'idée essentielle d'un procédé breveté constitue le dé- Douai, 30 mars 1846, aff. Descat,
lit de contrefaçon, quelles que soient au surplus les différences de détail D. 47. 2. 205.
que le prévenu signale, si d'ailleurs ses produits sont semblables à ceux
que protége le brevet.

Paris, le 29 avril 1859.

BÉRANGER et Cie.

4463 — Paris, imprimerie Guiraudet et Jouaust, rue Saint-Honoré, 338.